INSTITUT DE FRANCE.

ACADÉMIE DES SCIENCES

DISCOURS

PRONONCÉS A L'INAUGURATION

DU

MONUMENT DE BOUSSINGAULT

AU CONSERVATOIRE DES ARTS ET MÉTIERS
A PARIS

Le dimanche 7 juillet 1895.

PARIS

TYPOGRAPHIE DE FIRMIN-DIDOT ET Cⁱᵉ.

IMPRIMEURS DE L'INSTITUT DE FRANCE, RUE JACOB, 56

M DCCC XCV

ACADÉMIE DES SCIENCES

INAUGURATION

DU

MONUMENT DE BOUSSINGAULT

AU CONSERVATOIRE DES ARTS ET MÉTIERS A PARIS

Le dimanche 7 juillet 1895.

DISCOURS
DE M. SCHLŒSING [1]

MEMBRE DE L'INSTITUT

MONSIEUR LE MINISTRE,

Au nom de l'Académie des Sciences et de la Société nationale d'Agriculture qui m'ont chargé de les représenter, au nom du Comité qui s'est donné la mission d'élever un monument au premier des agronomes de France, au nom de la famille de Boussingault, je vous remercie d'avoir bien voulu assister à cette cérémonie. Boussingault a été

[1] La cérémonie était présidée par M. Gadaud, ministre de l'Agriculture.

et demeure une gloire de notre pays; il compte, de plus, parmi ses plus réels bienfaiteurs; sa mémoire mérite bien l'hommage que vous lui apportez de la part du gouvernement.

Je remercie M. Dalou du nouveau chef-d'œuvre sorti de ses mains. Le grand agronome et le grand artiste, dignes l'un de l'autre, tirent un égal honneur du monument que nous inaugurons.

Nos remerciements vont enfin à tous ceux, Français ou étrangers, dont la générosité a permis d'offrir au maître cet éclatant témoignage de notre commune admiration, et à M. Sagnier, l'âme de notre Comité, le promoteur de l'œuvre qui s'achève aujourd'hui.

MESSIEURS,

Je suis appelé à l'honneur de vous entretenir de Boussingault. Il me semble que je ne saurais mieux m'acquitter de ma tâche qu'en retraçant sa vie et ses travaux avec cette simplicité qu'il aimait.

Notre grand agronome est né à Paris, en 1802, à la caserne d'Enfer, près le Luxembourg. Les débuts de son existence, il se plaisait à le rappeler, furent modestes. Son père, ancien officier, avait, une fois retraité, obtenu un bureau de tabac auquel il avait joint un commerce d'épicerie, et s'était établi rue de la Parchemineric, dans un quartier qui n'était ni gai ni élégant. C'est là que s'écoulèrent les premières années de Boussingault. Il ne montra d'abord aucune disposition pour le travail. Dans les mémoires qu'il a écrits pour ses enfants, il raconte « qu'en

tré au lycée en sixième où il ne comprenait pas grand'chose,
il passa dans le laminoir de l'Université jusqu'en seconde,
où il ne comprenait plus rien ; c'était un détestable élève,
que ses professeurs traitaient, suivant sa propre expression, comme une bûche. » Ses parents, lassés, le retirè-
rent du lycée et lui laissèrent, pour un temps, son indépendance. Il en fit bon usage. Un de ses camarades, plus
âgé que lui, avait trouvé un emploi au laboratoire de Thénard. Boussingault alla voir ce qu'il faisait, partagea sa
besogne, y prit intérêt et demanda au maître la faveur de
le servir. Thénard le jugea trop jeune et refusa. Mais la
science l'attirait déjà, et il se mit à suivre les cours publics
avec une ardeur extraordinaire. Cuvier, Biot, Gay-Lussac,
Thénard, Haüy, Desfontaines, Villemain, Andrieux, furent
ses maîtres. Quels maîtres et quel éclat de la science fran-
çaise à cette époque! Le soir, le jeune Boussingault lisait
les ouvrages scientifiques, les œuvres des grands poètes,
les récits de voyages, derrière le comptoir du débit. Et
tout cela ne l'empêchait pas de courir Paris, d'aller aux
nouvelles (il n'en manquait pas de 1813 à 1817) et de continuer ses visites aux vétérans de la caserne voisine, ses
maîtres d'escrime.

Arrivé à 16 ans, il devait tirer quelque parti de ce qu'il
savait et choisir un état. Il se décida pour celui de mineur,
passa les examens d'admission à l'École des Mines de
Saint-Étienne, tout récemment instituée, et s'en fut à pied,
sac au dos, prendre possession de sa place d'élève. Il avait
en poche cinquante francs, auxquels sa mère en ajouta
dix en cachette. C'était sa pension mensuelle, qui, pendant ses deux ans d'école, lui fut servie avec exactitude,

mais sans augmentation. Il ne tarda pas à prendre une telle avance sur ses camarades que, la deuxième année, il fut chargé de leur enseigner l'analyse par la voie sèche, ce qui lui donna un laboratoire et lui fournit l'occasion de faire ses premières découvertes, l'existence du siliciure de platine et la présence du silicium dans les fers, fontes et aciers, découvertes qui avaient une haute portée en métallurgie ; il s'attacha à les vérifier par des expériences bien conçues et des analyses décisives. Le tout fut consigné dans un mémoire que Gay-Lussac s'empressa d'insérer dans les *Annales de Chimie et de Physique*. L'auteur avait 18 ans.

Sorti hors concours de l'école, notre ingénieur alla diriger les mines de Lobsann (Bas-Rhin), où l'on exploitait des lignites et des sables bitumineux. Lobsann est près des mines d'asphalte de Bechelbronn, dont le propriétaire était M. Le Bel. Cet habile agriculteur prit son voisin en grande amitié. Quatorze ans plus tard, il lui donnait sa fille ; il lui fournissait en même temps, dans le domaine de Bechelbronn, les sujets de ses plus belles études. Des relations fortuites de voisinage firent ainsi le bonheur domestique et la renommée agronomique de Boussingault.

Pour le moment, il n'avait qu'un désir : voyager en pays lointains pour s'y occuper de géologie. L'occasion qu'il souhaitait se présenta bientôt. Don Antonio Zea, envoyé en Europe par Bolivar pour demander la reconnaissance du nouvel État de Colombie, était chargé en outre de recruter des jeunes gens instruits pour fonder à Bogota un établissement scientifique, une école particulièrement destinée à former des ingénieurs civils et militaires. Mis en rapport avec ce personnage par Berthier, Boussingault accepta d'entrer au service de la Colombie. « Il y avait, dit-il en ses mémoires, des volcans actifs dans les Andes ; je ne connaissais que les volcans éteints de l'Auvergne : je n'hésitai pas à tenter l'aventure. » Avec lui s'engagèrent Mariano de Rivero, jeune Péruvien, élève de l'École des Mines de Paris, et Roulin, qui devint bibliothécaire de l'Institut et membre libre de l'Académie des Sciences.

Les représentants les plus illustres de cette Académie, Laplace, Arago, Poisson, Biot, Humboldt, s'intéressaient alors à une question fort discutée de la physique du globe : la détermination de la hauteur barométrique sous l'équateur, au niveau de la mer. Humboldt avait bien mesuré cette hauteur ; mais, par suite d'un manque de comparabilité entre ses instruments et ceux qu'on avait employés en Europe, ses résultats restaient douteux ; Boussingault fut spécialement chargé de les vérifier. En outre, Humboldt, qui lui avait voué toute son amitié dès le début de leurs relations, malgré une différence d'âge de trente-trois ans, lui remit une instruction détaillée sur tout ce qu'il devait étudier pour compléter ses propres observations.

On partit d'Anvers le 22 septembre 1822, et l'on arriva à la Guayra, port du Vénézuéla, le 22 novembre, après divers incidents, et notamment un combat avec une frégate espagnole qui fut capturée.

A peine débarqués, Boussingault et Rivero entreprirent une première série d'observations barométriques à 10 mètres au-dessus du niveau de la mer ; ils montrèrent que, sous l'équateur, la pression de l'atmosphère égale celle qu'on constate en Europe et présente les mêmes allures dans ses variations. Les heures des maxima et

minima sont les mêmes; la pression à midi correspond
encore à la moyenne du jour; seulement les variations sont
moins prononcées que dans les régions tempérées. Ces
derniers résultats furent confirmés plus tard par les mêmes
observateurs à Santa-Fé de Bogota, après une suite d'observations qui dura deux ans.

De la Guayra, les voyageurs se rendirent à Caracas, en
longeant le littoral. Dans le voisinage de cette ville est la
Silla, dont Humboldt et Bonpland avaient fait l'ascension
au commencement du siècle. Boussingault la gravit à son
tour, mais il dut s'y prendre à deux fois. Arrêté dans une
première tentative par un précipice infranchissable, il
s'égara au retour, et, pour se retrouver, s'avisa de suivre
le cours d'un torrent; mais les bords disparurent dans une
gorge, et l'imprudent dut s'abandonner au courant : il
appela cette route dangereuse sa « voie humide ».

. Le voyage de Caracas à Bogota dura quatre mois. La
route était longue et difficile. De plus, il fallait s'arrêter
et stationner en un grand nombre de points pour déterminer la longitude, la latitude, la hauteur au-dessus de la
mer, pour étudier les minéraux, les roches et leur strati-
fication, pour rechercher les minerais exploitables, pour
visiter les gisements exploités, enregistrer les tempéra-
tures et les accidents météorologiques, reconnaître les
productions du sol. Il s'agissait, en réalité, d'accomplir
une exploration complète de la Cordillère, intéressant à
la fois l'art du mineur, la géologie, la minéralogie, la
géographie, la botanique. Bogota, atteinte enfin, devint
le quartier général de Boussingault, d'où il rayonna par
la suite dans toutes les directions.

Au sortir de la province de l'Équateur, après avoir pénétré dans la Nouvelle-Grenade, la Cordillère des Andes se divise en trois branches : la Cordillère orientale, qui se dirige, au nord-est, vers Caracas et au pied de laquelle, vers l'est, s'étendent les plaines ou llanos déversant leurs eux dans l'Orénoque ; la Cordillère occidentale, courant vers le nord ; la Cordillère centrale, qui divise la région triangulaire comprises entre les deux premières en deux grands bassins où coulent la Magdalena et le Cauca. L'espace immense ainsi découpé, auquel il faut joindre la province de l'Équateur, formait le nouvel État de Colombie. En aucune région du monde la nature n'est plus riche dans ses productions végétales, plus variée dans ses climats, plus grandiose dans ses accidents géologiques, plus féconde en enseignements. Elle devait séduire un esprit dont le trait dominant était une merveilleuse faculté d'observation. Boussingault demeura sous son charme pendant dix ans.

J'ai souvent entendu demander : Qu'a donc fait Boussingault dans l'Amérique du Sud? On ignore son œuvre d'alors précisément pour la raison qui excita l'admiration de ses contemporains, je veux dire à cause de son extraordinaire variété, chacun n'en ayant retenu que les seuls fragments qui l'intéressent. Tout autre a été le sort de ses travaux ultérieurs; ils forment un ensemble lié dans ses diverses parties, fondement solide sur lequel repose la science agricole. Aussi personne n'ignore-t-il le Boussingault de l'agronomie. Il me semble qu'à cette heure il est utile de remettre en lumière le Boussingault d'Amérique.

Pendant les premières années de son séjour en Colombie, une guerre sans merci désolait le nouvel État. Un ingénieur au service du Gouvernement devait avoir un grade dans l'armée : on en fit un colonel. En cette qualité, il assista à des batailles sanglantes, livrées à des hauteurs où la fusillade s'entendait à peine. Il eut aussi à remplir, de la part du Libertador, des missions délicates. Le danger qu'elles présentaient parfois n'arrêtait pas cette nature intrépide et aventureuse, soutenue par une force physique peu commune. Son esprit naturel, sa gaîté, sa franchise surtout, concilièrent bientôt à Boussingault l'amitié de ses chefs et des personnages divers auxquels il fut mêlé ; sa haute stature, son grand air, assuraient son empire sur ses subordonnés ; ils l'appelaient : « don Juan el Despote » ; peut-être n'avaient-ils pas tort ; on devient vite très absolu quand on commence à commander à vingt ans.

Ses découvertes étaient le plus souvent communiquées à Humboldt, parfois à Arago, qui les présentaient à l'Académie des Sciences. Les éloges donnés par de tels hommes valent mieux que ce qu'on peut dire après eux ; j'en citerai quelques exemples.

Après son installation à Bogota, Boussingault avait été envoyé avec Rivero et Roulin dans la vallée du Méta, affluent considérable de l'Orénoque traversant le Vénézuela de l'ouest à l'est. Sa mission essentielle consistait à lever la carte de cet insalubre pays. Il en rapporta une fièvre dont il faillit mourir. Pendant sa convalescence, il rédigea une note sur la chicha, substance avec laquelle les Indiens se colorent la peau, et l'envoya à Humboldt. Celui-

ci lui répondit : « Lorsque nous réfléchissons sur le peu de
« temps que vous avez passé en Amérique, nous sommes
« étonnés de tout ce que vous avez fait; cette opinion a
« souvent été émise par des membres de l'Académie. »

A quelque temps de là, envoyé dans les salines de Zipa-
quira pour réprimer une insurrection des ouvriers, Boussingault étudie la composition des eaux salées qu'on y
exploite et, partant de ce fait notoire dans les Andes que
le goître est inconnu là où le sel extrait de ces eaux est
consommé, il y cherche et y découvre l'iode. Nouveau mémoire présenté à l'Académie. Humboldt ajoute la note suivante : « Cette observation fait d'autant plus honneur à la
« sagacité de M. Boussingault que ce chimiste ne savait
« pas à cette époque que l'iode avait été reconnu dans
« plusieurs sources salées d'Europe. »

Une autre fois, Arago inscrivait cette annotation en tête
d'un mémoire sur la gay-lussite, minéral nouveau trouvé
et analysé par Boussingault : « Je m'empresse de le publier
« comme une preuve nouvelle du zèle infatigable et de la
« grande activité du jeune voyageur qui explore avec tant
« de succès les environs de Bogota. »

Voici enfin quelques lignes extraites d'une lettre de Hum-
bolt, du 11 février 1825 : « Avec les talents que la nature
« vous a donnés, avec une activité sans exemple, vous vous
« placerez parmi les hommes supérieurs qui ont illustré
« votre patrie; il ne s'agit chez vous que d'avoir toujours
« une forte volonté. C'est comme cela que j'ai deviné
« d'avance, lorsqu'ils étaient très jeunes encore, Gay-Lus-
« sac et Arago. Je ne me tromperai pas plus sur vous que je
« ne me suis trompé sur eux. M. Arago est dans l'admira-

« tion de votre zèle astronomique, de la précision de vos
« observations et de la noble et scrupuleuse franchise
« avec laquelle vous communiquez tous les résultats. »

On voit quel chemin Boussingault avait fait en quelques
années dans l'estime du monde savant ; on voit aussi qu'il
avait de bons parrains.

Quarante mémoires insérés aux *Annales de Chimie et de
Physique* résument les travaux qu'il a accomplis en Amérique sur les matières les plus diverses. Passant sous silence
toutes les analyses exécutées au laboratoire de Bogota sur
nombre de substances végétales propres à la Colombie,
sur des minéraux nouveaux, des minerais de fer, de platine, d'or, sur des eaux minérales ; laissant également de
côté toute son œuvre de géographe, je rappelerai simplement quelques découvertes de l'ingénieur des mines, du
météorologiste, du géologue.

Dans la province de Popayan, au sud-ouest de la Nouvelle-Grenade, on exploitait une pyrite aurifère en broyant,
selon l'usage, le minerai et en le soumettant à des lavages
dont l'or était le résidu. Boussingault imagina de griller le
minerai avant le broyage ; changé en oxyde, le sulfure de
fer présentait peu de résistance au broyage et était facile-
ment entraîné par l'eau. L'exploitation et, par suite, la
population ouvrière prirent avec la nouvelle méthode un tel
accroissement que les ressources alimentaires de la localité
devinrent insuffisantes. Boussingault dut pourvoir à son entretien en organisant des cultures de blé, maïs, pommes de
terre. « Ce fut, me dit-il un jour, mon début agricole ; c'est
« à Marmato que j'ai envisagé pour la première fois les
« problèmes qui devaient tant m'occuper plus tard. »

A Santa Rosa, dans la province d'Antioquia où il sé-
journa six mois, Boussingault découvrit une mine de platine :
le métal se rencontrait en grains arrondis au milieu de l'or
extrait par lavage de filons aurifères. Humboldt apprécia
très favorablement cette découverte, fort intéressante au
point de vue géognostique. Elle fit beaucoup de bruit en
Colombie, puisque le Congrès en prit occasion pour voter
au Libérateur une statue en platine. Boussingault fut chargé
de réunir le métal nécessaire et de tout préparer pour la
fonte. Il écrivit pour remercier de la confiance dont on
l'honorait et expliquer que l'exécution de la statue était im-
possible : d'abord le métal manquerait, ensuite il était infusible. Son chef, le colonel Lanz, lui déclara que sa lettre
n'avait pas le sens commun : « Écrivez que vous ferez tout
« votre possible pour exécuter les ordres du Congrès ; il
« ne faut jamais refuser une mission ; tout cela passera,
et vous n'aurez désobligé personne. » Boussingault dit
dans ses mémoires que cette leçon ne fut pas perdue.

En météorologie, on lui doit des renseignements précis
sur diverses questions du plus haut intérêt et surtout deux
acquisitions importantes : l'une est relative à la profondeur où commencent dans le sol des régions tropicales les
couches à température constante, profondeur qui ne fut
trouvée que de 30 centimètres ; l'autre est cette loi, d'après
laquelle une même plante exige, pour accomplir son
entier développement, la même quantité de chaleur, quel
que soit le climat, loi essentielle, qui permet de prévoir
la possibilité d'acclimater un végétal dans une contrée
donnée.

La géologie fut toujours la science de prédilection de

Boussingault. Il s'y livra sans relâche dans les Cordillères. Il s'appliqua à déterminer les terrains de la Çolombie et étudia tout spécialement les tremblements de terre et les volcans.

Dès son premier voyage dans la Cordillère orientale, l'aspect des ruines accumulées par de grandes commotions de date récente lui avait suggéré une théorie qu'il confirma ensuite dans toutes ses excursions. Les plus grands désastres avaient frappé les villes bâties sur les terrains primitifs; celles qui reposaient sur les terrains stratifiés avaient moins souffert. Boussingault explique ces différences en disant que les roches primitives sont les premières à recevoir l'ébranlement provoqué par les forces souterraines et les plus aptes à le propager au loin en vertu de leur continuité; dans les terrains stratifiés, la transmission du mouvement est d'autant plus atténuée qu'ils ont plus d'épaisseur et contiennent plus de roches arénacées.

Témoin lui-même, à plusieurs reprises, de ces grandes convulsions du sol, il a pu décrire fidèlement les terreurs qu'elles font naître; il a raconté le tremblement que subit Bogota en 1826 et cette aventure où, par son sang-froid, il sauva une centaine d'Indiens avec lesquels il se trouvait au fond d'une galerie de mines. Il prenait justement la température du sol, quand une commotion se fit sentir; les mineurs se précipitèrent vers l'issue de la galerie et déjà l'obstruaient au point de s'y étouffer, quand Boussingault, se rappelant à propos que les Indiens attachaient à ses instruments une puissance magique, éleva son thermomètre et, le regardant fixement comme pour y lire un oracle, s'écria: « Le tremblement est fini ! » Une détente se produisit aussitôt dans la foule, qui s'écoula sans accident.

L'étude des gaz des volcans est indispensable pour former les idées sur la nature des substances qui produisent les éruptions. Personne ne l'avait encore entreprise. Boussingault porta ses instruments d'analyse dans les cratères mêmes du Tolima, du Purace, du Pasto, du Tuqueres, du Cumbal, volcans compris entre l'équateur et le 5e degré de latitude nord. Sur le Cotopaxi, il s'éleva à 5716 mètres, sans pouvoir atteindre le sommet. Il trouva que les gaz exhalés, exempts d'oxygène, consistaient en vapeur d'eau, acide carbonique, hydrogène sulfuré, vapeur de soufre. Il visita aussi des volcans éteints, le Tunguragua, l'Antisana. De son ascension au Chimborazo il a laissé une relation saisissante. Habitué de longue main à chercher l'expression la plus simple et la plus précise de la pensée, il arrive à tracer, dans cette relation, sans effort, sans autre art que celui d'être vrai, d'admirables tableaux des grands aspects de la Cordillère.

Ce fut sa dernière ascension. Il se dirigea ensuite sur Guayaquil, où il devait s'embarquer pour visiter les côtes du Pérou; puis il quitta définitivement l'Amérique. Il a résumé lui-même son œuvre en ces mots : « Après dix ans de travaux assidus, j'avais réalisé les projets de jeunesse qui me conduisirent dans le Nouveau Monde. La hauteur du baromètre au niveau de la mer, entre les tropiques, avait été déterminée dans le port de la Guayra. La position géographique des principales villes du Vénézuela et de la Nouvelle-Grenade se trouvait fixée. De nombreux nivellements faisaient connaître le relief des Cordillères. J'emportais les données les plus précises sur les gisements d'or et de platine d'Antioquia et du Choco. Enfin mon laboratoire avait été successivement établi dans les cratères voisins de l'Équateur, et j'avais été assez heureux pour continuer mes recherches sur le décroissement de la chaleur dans les Andes intertropicales jusqu'à l'énorme hauteur de 5 500 mètres. »

Boussingault avait alors 30 ans. Eût-il borné sa tâche aux travaux déjà accomplis, il eût laissé un nom illustre ; comme voyageur, il s'était placé à côté de Humboldt. Mais il ne devait pas s'arrêter là.

Les premières années qui suivirent son retour en France furent consacrées à la publication de mémoires tirés des notes accumulées au cours de ses pérégrinations. Mais les mémoires ne font pas, comme les romans, vivre leurs auteurs. Il fallait trouver une position. Pour un savant, une position, c'est une chaire. Et comment obtenir une chaire quand on n'est pas même bachelier? De sa riche collection de documents, Boussingault n'eut pas de peine à extraire une thèse pour le Doctorat sur les phénomènes chimiques de l'amalgamation américaine. Une fois docteur, on l'envoya à Lyon en qualité de doyen de la Faculté des Sciences ; c'était en 1834. L'année suivante, il épousait Mlle Le Bel, qu'il avait connue toute jeune à Bechelbronn. Il trace d'elle dans ses mémoires un aimable portrait. « ... Une petite fille demi-sauvage, vivant en plein air, Adèle, alors âgée de cinq ou six ans. On la laissait courir comme on eût fait pour un garçon. Hâlée, chevéux jaunes, jupons d'étoffe grossière, pas élevée du tout, ne sachant pas un mot de français, telle était la jeune personne que j'épousai treize ou quatorze ans plus tard et qui est devenue la femme la plus gracieuse, la plus aimable que l'on puisse imaginer. » Mme Boussingault n'était pas seulement gracieuse et aimable, elle était encore souverainement bonne et d'une intelligence supérieure. Dans son admiration passionnée pour son mari et afin de le laisser tout entier à ses études, elle prit en main la gestion de la maison et des intérêts domestiques tant à la ville qu'à la campagne et s'y montra administrateur émérite. Boussingault fut aussi puissamment secondé dans ses travaux par sa collaboration avec son beau-frère, Achille Le Bel; celui-ci dirigeait les cultures de Bechelbronn, tenait les comptes, se chargeait des mille détails de l'exploitation; celui-là, l'esprit dégagé de tout souci, pouvait donner intégralement son attention et son intelligence aux faits agricoles qui se passaient sous ses yeux. On ne saurait imaginer des conditions plus favorables pour les spéculations scientifiques.

En 1837, Boussingault résigna ses fonctions de doyen de la Faculté des Sciences de Lyon pour prendre à Paris la suppléance de Thénard; en 1839, l'Académie des Sciences lui ouvrit ses portes. Quelques années plus tard, la chaire d'Économie rurale fut créée pour lui au Conservatoire des arts et métiers. Il en demeura titulaire jusqu'à sa mort. Désormais sa vie sera aussi régulière qu'elle avait été agitée dans le Nouveau Monde; elle se partagera entre Paris, la résidence de l'hiver, de la saison des cours, et Bechelbronn ou l'ancienne abbaye du Liebfrauenberg, les résidences d'été. Tant à Paris qu'à la campagne, les travaux de laboratoire ne cesseront plus.

Les premières études agronomiques de Boussingault

sont consacrées exclusivement à la question de l'origine
de l'azote dans les êtres vivants, à ses migrations du sol à
la plante, de la plante à l'animal, de l'animal au sol. Pour
comprendre son insistance sur ces questions, il faut se
reporter à l'état de la science à cette époque. On savait
d'une manière certaine que les plantes tirent, au moins en
grande partie, leur carbone, leur hydrogène, leur oxygène,
de l'acide carbonique et de l'eau contenus dans l'air et le
sol. Mais on ne savait rien de positif sur l'origine de leur
azote; on ignorait même qu'il leur fût indispensable.

Cependant son importance n'était pas douteuse. On
avait reconnu que tous les tissus animaux sont formés de
matières azotées. D'où leur venait l'azote? Peut-être de
l'air, mais aussi des aliments, puisque Magendie avait montré qu'un animal périt s'il ne trouve pas de matière azotée
dans sa nourriture. Les expériences de l'illustre physiolo-
giste rendaient donc certaine l'existence de l'azote dans
es fourrages qui nourrissent l'herbivore; mais personne
ne l'y avait cherché. Et dans ces fourrages mêmes, d'où
venait l'azote? Peut-être de l'air encore, de l'engrais aussi,
puisque d'anciennes expériences d'Hœrmbstœd avaient
montré que le gluten augmente dans le blé avec la richesse
des engrais en principes azotés.

Ainsi l'azote apparaissait comme un facteur de la ferti-
lité du sol, un facteur de la vertu alimentaire de ses produits, un facteur de la constitution des tissus animaux.
Cependant le cultivateur ne disposait que d'une quantité
trop limitée de ce précieux agent, alors que l'air et le sol
fournissaient en quantités illimitées les trois autres éléments des substances organiques. Quoi d'étonnant que

cette question de l'azote ait primé toutes les autres, puis-
qu'elle dominait les deux problèmes les plus essentiels de
l'agriculture : la production des plantes, la production des
animaux?

Ces problèmes, avec celui des assolements, qui leur est
évidemment lié, formaient un ensemble confus où personne ne tentait de porter la lumière. On s'en tenait aux
errements de la pratique, sans chercher à savoir ce qu'il
y a dans les récoltes, ce qu'elles empruntent à l'air, ce
qu'elles demandent au sol et à l'engrais.

Ce sera l'éternel honneur de Boussingault d'avoir dis-
cerné les questions à étudier séparément pour sortir de
cette nuit, de les avoir nettement posées et, pour la plu-
part, résolues par l'expérimentation, et l'on s'étonnera
toujours de l'activité prodigieuse qu'il a déployée dans
ces études. Il a mené de front ses recherches sur les quantités d'azote contenues dans les fourrages et les quantités
de gluten contenues dans les blés, ses recherches entreprises pour savoir si les plantes prennent de l'azote à l'atmosphère et ses recherches analogues sur les animaux,
ses recherches sur la valeur relative des divers assolements. L'espace de trois années, de 1836 à 1839, lui a
suffi pour accomplir une telle tâche.

C'est par l'analyse chimique qu'il est parvenu à la me-
ner à bien, ce qui a fait dire qu'il avait introduit la balance dans l'étude des questions fondamentales de l'agriculture. Une seule méthode lui a servi dans toutes ses in-
vestigations, celle de tout physicien ou chimiste voulant
connaître les variations qui surviennent dans la constitution d'une substance ; elle consiste à déterminer l'état

initial de la substance et son état final et à les comparer ;
toute l'originalité de l'expérimentateur est dans la manière d'appliquer cette méthode.

S'agit-il, par exemple, de savoir s'il se produit une perte
ou un gain d'azote pendant la végétation d'une plante
depuis son début ? On dose l'azote dans une graine pareille à celle qui est mise en expérience ; on le dose finale-
ment dans toute la substance végétale récoltée, et l'on
voit comment il a varié.

Un animal peut être isolé aussi bien qu'une plante.
C'est un appareil de chimie. On mesure et analyse tout
ce qui entre dans l'appareil et tout ce qu'il rejette. Si l'appareil est tel à la fin qu'au début, toutes les mutations portent sur la matière entrée, et on les connaît par la compa-
raison entre leur état à l'entrée et leur état à la sortie. Si
l'animal varie pendant l'expérience, si, par exemple, il
croît ou engraisse, les mutations portent à la fois sur la
matière qui est entrée et sur l'animal ; on est dans le cas
d'une équation à deux inconnues. Alors Boussingault sa-
crifie l'animal en fin d'expérience et l'analyse ; il en a
sacrifié un tout semblable au début ; dès lors il peut connaître les mutations survenues dans l'animal, c'est-à-dire
éliminer une inconnue et tirer l'autre de ses résultats. Ce
procédé a été développé plus tard et mis en œuvre magistralement par MM. Lawes et Gilbert.

La même méthode s'applique à la difficile question
des assolements. A Bechelbronn, d'immuables errements
culturaux étaient adoptés depuis de longues années ; dès
lors le sol, arrivé à un régime constant, se retrouvait, en
fin de rotation, comme l'animal dont le poids reste inva-

riable; il n'y avait à considérer que ce qu'on y mettait, l'engrais, et ce qu'on en retirait, la récolte. Ce qui dans la récolte était en excès sur l'apport du fumier représentait le contingent minimum de l'atmosphère.

L'exemple de Boussingault a guidé toutes les recherches exécutées après lui, en France ou à l'étranger, sur les grandes questions de l'alimentation et de l'engraissement du bétail et sur les cultures les plus diverses. Il en a été le véritable instigateur, comme l'a proclamé d'une façon solennelle le premier Congrès international des stations agronomiques, réuni en Allemagne il y a quelque vingt ans.

Faut-il rappeler les résultats fondamentaux auxquels a conduit cette sûre méthode de l'analyse? Ils nous paraissent aujourd'hui, ce qui leur fait grand honneur, d'une banalité extrême. Qu'on en juge par ces quelques propositions:

« L'herbe de prairie, tous les foins, tous les fourrages, contiennent de la matière azotée alimentaire, et l'on peut mesurer la valeur de ces aliments d'après leur teneur en azote. Ce simple énoncé eut en 1835 un grand retentissement.

« Des plantes de la famille des légumineuses sont capables de prélever de l'azote sur l'atmosphère; cette propriété n'appartient pas au froment ni à l'avoine. Boussingault, qui ne va jamais au delà des conclusions permises par l'expérimentation, ne dit pas si cet azote est libre ou engagé dans quelque combinaison; il affirme simplement qu'il vient de l'atmosphère; c'en est assez pour expliquer le rôle des plantes dites améliorantes. Il ne s'agit ici, il faut insister sur ce point, que d'azote emprunté à l'atmo-

sphère sous une forme indéterminée, et non de la fixation
de l'azote libre, phénomène dont Boussingault crut plus
tard montrer l'impossibilité et qui n'a été bien établi que
dans ces dernières années par les belles recherches de
MM. Hellriegel et Wilfarth et par d'autres savants après
eux.

« Indépendamment de l'eau qu'elles fixent intégralement,
les plantes s'approprient de l'hydrogène, en décomposant
l'eau, comme elles décomposent l'acide carbonique, et re-
jettent de l'oxygène.

« Les animaux n'empruntent pas d'azote directement à
l'atmosphère; toute la matière azotée nécessaire au développement et à l'entretien de leur tissu se trouve dans
les aliments.

« Les récoltes contiennent, en général, plus d'azote que
l'engrais. Presque nul pour les céréales, l'excédent est
considérable pour les légumineuses. Il en résulte qu'un
assolement prélève d'autant plus d'azote sur l'atmosphère
qu'il fait une plus large part aux légumineuses. Le meilleur assolement, pour un domaine qui se suffit à lui-même
sans tirer d'engrais azotés du dehors, est celui qui prélève sur l'atmosphère la plus grande quantité d'azote et
fournit par conséquent la plus grande quantité de matière
azotée, c'est-à-dire de la substance la plus alimentaire et
la plus chère. »

De tels résultats se passent de commentaires. Pour en
faire le fondement définitif de la science agricole, il ne
restait à leur ajouter qu'une découverte de Liebig, qui
suivit de près, celle de l'intervention nécessaire dans le
développement végétal de certaines substances minérales

qu'on retrouve dans les cendres et qui passaient jusqu'alors pour accidentelles et inutiles.

Les recherches que Boussingault poursuivit dans la suite, de 1839 à 1848, à Bechelbronn, eurent un caractère essentiellement pratique. Elles furent comme l'édifice élévé sur les assises qu'il avait déjà posées. Dans le développement de cette œuvre, il ne rejetait pas les matériaux venus du dehors, mais il aimait que la qualité en fût vérifiée. Ainsi, dès que MM. Lawes et Gilbert eurent fait, par leurs célèbres expériences de Rothamsted, la part du vrai dans les opinions de Liebig sur les engrais minéraux, il s'empressa d'en tirer parti en exécutant les analyses des cendres de tous les produits de Bechelbronn. Quand l'action favorable des nitrates sur la végétation fut démontrée par la pratique, il l'étudia en savant et montra qu'effectivement l'azote des nitrates se retrouve dans la matière azotée de la plante. Il vérifia de même l'influence des phosphates. Il avait donc l'esprit ouvert à tous les progrès. Ennemi de la dispute stérile, ne cherchant que la vérité, il l'adoptait d'où qu'elle vînt, après contrôle. Quant à ses propres travaux, il fut, plus que quiconque, scrupuleux dans l'exécution, modéré et prudent dans les conclusions.

Il traitait aussi des sujets qui, tout en concernant l'agronomie, touchaient de plus près à la science pure. De cet ordre sont ses recherches sur la composition de l'atmosphère, sur l'ammoniaque et l'acide carbonique contenus dans l'air, les eaux, le sol, sur la nitrification, sur la terre végétale. En même temps, il remplissait avec éclat ses fonctions de professeur. Il réunit bientôt ses leçons dans son *Économie rurale,* ouvrage qui fit époque et devint rapidement classique. Durant son long professorat, se succédèrent dans son laboratoire un certain nombre de préparateurs, qui sous un tel maître devinrent des savants distingués. Parmi eux figura, à son tour, son fils Joseph, auteur de travaux remarqués.

Dans les derniers temps de son activité scientifique, Boussingault revint à la métallurgie, comme pour relier la fin de sa carrière à son commencement. Ce grand esprit, qui savait si bien s'élever au-dessus des détails pour embrasser dans leur ensemble les grandes questions, aimait les raffinements de l'analyse la plus délicate. Il se complaisait spécialement dans l'analyse minérale, plus capable que celle des plantes d'atteindre à une extrême précision. Les métallurgistes lui doivent plusieurs de leurs meilleurs procédés de dosage de ces corps étrangers qui, malgré leur très faibles proportions, ont la plus grande influence sur les qualités des métaux.

Puis la vieillesse vint. Heureux et bien rares sont les vieillards qui n'ont pas eu à regretter quelques-uns des leurs ! Boussingault ne fut pas du petit nombre de ces privilégiés. Il perdit successivement son gendre, M. Holtzer, qui dirigeait avec tant d'habileté les aciéries d'Unieux ; une de ses petites-filles, âgée de seize ans, pleine de grâce et d'intelligence ; enfin celle qui tenait une si grande place dans sa vie, Mme Boussingault. Lui, si vaillant, si fortement trempé, ne put supporter ce coup dans sa propre maison. Il se retira quelque temps au Liebfrauenberg. Son intérieur était détruit. Mme Holtzer le garda chez elle. Peu à peu le travail, suprême consolateur, le reprit. Il revint à son laboratoire des Arts et Métiers et publia encore quelques travaux. Le soir, en famille, il dictait ses mémoires à ses enfants. Le pénible affaissement qui annonce la fin ne le tint pas longtemps; il expira le 11 mai 1887.

De longues années nous séparent de la publication de ses plus importants mémoires. En les relisant, on est frappé d'un caractère qui n'appartient pas d'ordinaire aux ouvrages déjà anciens : ils n'ont, pour ainsi dire, pas vieilli. Des livres fameux ont passé avec les discussions et les théories qu'ils soutenaient; ceux qui rapportent surtout des expériences bien faites et des phénomènes bien observés ne passent pas. Quiconque professe l'économie rurale ou la chimie agricole a médité et médite encore Boussingault.

Et les découvertes du maître ne sont pas seulement impérissables; elles ont aussi l'avantage de compter parmi celles qui n'engendrent que des bienfaits. Nous voyons chaque jour de nouvelles et surprenantes applications de la science à l'industrie; le bien-être général en est accru ; mais que de fois n'est-ce pas au prix de durs sacrifices imposés à quelques-uns, au prix d'un travail accompli dans des conditions matérielles et morales qui font qu'on est tenté de se demander si vraiment le progrès est bon! L'agriculture diffère, à cet égard, des autres industries. Son immense atelier est tout au grand air, à la face du ciel; son labeur est sain et réconfortant; ses perfectionnements sont profitables à tous. Ainsi, dans l'œuvre d'un grand agronome, tout contribue au bonheur des hommes, tout est bien.

DISCOURS

DE

M. LAUSSEDAT

MEMBRE DE L'ACADÉMIE DES SCIENCES
DIRECTEUR DU CONSERVATOIRE NATIONAL DES ARTS ET MÉTIERS

MESSIEURS,

Le Conservatoire des Arts et Métiers, à la veille d'atteindre son centenaire, n'a pas seulement la satisfaction de voir ses merveilleuses collections s'accroître au point de déborder l'espace qui lui avait été cependant largement accordé il y a un siècle ; il tend à devenir aussi, et cela est tout naturel, le Panthéon des grands inventeurs.

Déjà, en décorant l'escalier monumental qui conduit aux galeries d'exposition, on y avait placé les statues de ces deux apôtres des applications de la science à l'industrie et à l'agriculture : de Vaucanson, le véritable fondateur de notre musée, qui a lui-même tant enrichi le domaine de la mécanique automatique, et d'Olivier de Serres, le précurseur inspiré de cette Science agronomique chargée désormais de nous assurer notre pain quotidien.

Il y a quelques années, grâce à deux souscriptions, l'une des chimistes de tous les pays et l'autre des mécaniciens français, nous inaugurions dans notre cour d'honneur, comme au frontispice des collections, la statue de Nicolas Leblanc qui symbolise les arts chimiques et celle de Denis Papin qui symbolise les arts mécaniques.

La vénération que nous avons pour ces ancêtres ne saurait nous empêcher de rendre à leurs dignes successeurs l'hommage qui leur est dû, et voici précisément qu'aujourd'hui un groupe nombreux d'hommes de science et d'admirateurs de Boussingault auquel s'est largement associée sa famille, nous en fournit une occasion en offrant, à son tour, au Conservatoire, un monument que nous avons placé dans la cour voisine des laboratoires et des amphithéâtres, parce qu'il est destiné à honorer la mémoire de cet homme éminent, voyageur intrépide, observateur sagace et persévérant, chimiste novateur, professeur incomparable et, par-dessus tout, philosophe sincère et grand homme de bien.

Au nom de ses anciens collègues du haut enseignement, et ils sont encore heureusement nombreux, au nom du personnel tout entier du Conservatoire, je viens exprimer notre reconnaissance au Comité du monument de Boussingault qui a eu l'idée si heureuse de choisir cet établissement pour y placer la grande et noble figure de l'un de ceux qui ont le plus contribué à son illustration.

Pour vous entretenir, comme c'est mon but et mon devoir, des rares qualités de l'homme vraiment supérieur que nous avons eu l'honneur de compter dans nos rangs, je suis bien obligé de dire quelques mots de son enfance et de ses débuts. Je vous prie donc de m'excuser si je parais reproduire une faible partie d'ailleurs de l'éloquent éloge que vient de prononcer mon confrère M. Schlœsing.

Ce que je puis vous affirmer, c'est que nous ne nous sommes point concertés, et les redites inévitables en pareil cas doivent être considérées dès lors simplement comme la confirmation de faits parfaitement avérés.

Boussingault est né à Paris en 1802. Le nom de sa famille y était connu depuis longtemps et devait même à Boileau une certaine célébrité.

Son père, ancien militaire, très bel homme et très brave homme, après avoir été blessé à l'armée du Rhin et s'être marié à Wetzlar, occupait, à l'époque de la naissance de ce fils, un modeste emploi de garde-magasin des lits militaires, d'abord dans une caserne de la rue d'Enfer qui touchait au Luxembourg, puis dans un ancien couvent de la rue Saint-Louis, au Marais. C'est de ce dernier quartier que dataient les souvenirs de notre héros.

Un peu plus tard, le père, très préoccupé de l'avenir de sa jeune famille composée de trois enfants, allait s'établir dans la rue de la Parcheminerie, l'une des plus vilaines de Paris, qui existe encore et va de la rue Saint-Jacques à la rue de la Harpe, en longeant l'église de Saint-Séverin. Il y tenait un petit commerce d'épicerie, et Boussingault, qui devait, pendant toute sa longue et brillante carrière, faire un emploi si délicat de la balance, se rappelait toujours en souriant qu'il s'en était d'abord servi pour peser du tabac aux clients de son papa.

Sa mère, fille du bourgmestre de Wetzlar, fort bien élevée dans son pays, mais qui ne put jamais apprendre un mot de français, n'était pas moins une excellente femme ayant le plus grand soin de ses enfants et une confiance absolue dans celui dont nous nous occupons et qui sut toujours la mériter par son bon cœur et son bon sens.

Dans des mémoires pleins d'humour et assez souvent de malice, Boussingault nous a fait connaître un certain nombre des membres de sa famille et des voisins qui ont formé le milieu assez triste dans lequel s'est passée sa jeunesse. Presque tout ce monde, en effet, était misérable, et le précoce enfant, bien parisien, tout en raillant les travers et les ridicules de ces pauvres gens, éprouvait une véritable sympathie pour le plus grand nombre et même de la tendresse pour quelques-uns chez lesquels il découvrait des qualités qu'il s'est plu à reconnaître hautement jusque parmi les plus humbles et les plus déshérités.

Que de choses touchantes et que de réflexions pleines de justesse et d'élévation, sous une forme presque toujours ironique, on rencontre à chaque page de ces souvenirs d'enfance, depuis les douloureux aveux de ceux qui avaient assisté et peut-être pris part aux excès sanglants de la Révolution jusqu'aux propres observations d'un bonhomme à peine adolescent, sur les misères imposées au pauvre peuple par la folie guerrière d'un César et à ses impressions très vives en présence des crimes de la Terreur blanche et des extravagances de la noblesse et du clergé qui devaient ramener la révolution.

Boussingault, nous l'avons déjà dit, était avant tout un observateur et un philosophe, et cela, comme on le voit,

dès ses plus jeunes années. Il n'est donc point étonnant
que, dans son âge mûr, il ait gardé sa pleine indépendance,
évitant de s'enrôler dans aucune secte politique, religieuse,
ou antireligieuse. Républicain d'instinct et de raison, libre
penseur à coup sûr, il est demeuré libéral et tolérant. Son
apprentissage de la vie au milieu des malheureux lui avait
inspiré l'horreur de toutes les tyrannies, qui ne savent,
quelle que soit leur étiquette, qu'engendrer et perpétuer
la misère.

J'ai cru pouvoir, dès à présent, parler du caractère élevé
de Boussingault devenu un homme, parce que je suis per-
suadé que cette heureuse disposition de sa nature a sûrement beaucoup contribué au développement de ses facultés,
au succès de toutes ses entreprises et même de ses travaux
scientifiques dans lesquels on retrouve toujours l'empreinte
d'un jugement ferme et d'une entière bonne foi.

Envoyé d'abord dans une petite école de quartier, puis
de l'âge de neuf à quatorze ans au Lycée impérial, l'enfant
espiègle et avisé que nous connaissons ne retira cependant
que peu de chose de cette première éducation. Il était de
ceux qui courent le risque de s'étioler en restant en serre
chaude et qui ont besoin du plein air et de la liberté pour
chercher leur voie. De quatorze à seize ans son père et sa
mère, qui le jugeaient bien, lui laissent la bride sur le cou
et le mauvais écolier se transforme aussitôt et devient le
garçon le plus curieux, le plus laborieux qui se puisse
imaginer.

Il fréquente les cours du Muséum et du Collège de France,
tente d'entrer dans le laboratoire de Thénard, à qui sa phy-
sionomie plaît, mais qui n'a pas la bonne inspiration de le

prendre. Il n'étudie pas moins avec acharnement la chimie dans l'ouvrage de ce maître, acheté au prix énorme de vingt-cinq francs, véritable sacrifice fait pour lui par sa bonne mère; il se prend aussi de passion pour la minéralogie et la géologie, et achète encore, sou par sou, sur les quais, des échantillons de rebut dont il parvient à faire une collection intéressante; il ne néglige pas non plus la littérature, assiste aux leçons imagées d'Andrieux, lit les bons auteurs, et enfin, comme il entend parler d'une école des mineurs à Saint-Étienne d'où l'on peut, en sortant, gagner sa vie, il fait des mathématiques, se présente aux examens et est admis à l'âge de 16 ans. Il cherchait déjà depuis longtemps à diminuer les charges de sa famille et avait rêvé, par exemple, de se faire marin plutôt que d'entrer dans le commerce ou dans un bureau, comme l'eût souhaité son père.

Sa carrière était désormais assurée, mais il lui fallait encore pendant deux ans recourir à la bourse si maigre de ce père. Alors il fait des prodiges d'énergie et d'économie, part pour Saint-Étienne à pied, chargé d'un sac assez lourd, ne prenant qu'occasionnellement et à prix réduit des voitures, se nourrit avec une parcimonie bien méritoire à son âge et après son arrivée à l'école parvient à ne pas dépenser plus de soixante francs par mois, ce qui est le taux de la pension que peut lui servir le père. Mais s'il se prive de tout, au point de vue matériel, quelle joie pour lui de rencontrer des maîtres instruits et bienveillants, de belles collections et par-dessus tout un laboratoire bien installé. Sa vocation se dessine définitivement. Dès ses débuts, il occupe le premier rang et, la seconde année, il est mis hors concours et nommé chef du laboratoire où, pour son coup d'essai, il fait fondre du platine réputé jusque-là infusible, le combine au charbon et au silicium avec lesquels il forme une fonte analogue à la fonte de fer, enfin, par la cémentation, il obtient de l'acier de platine.

Il est vrai que pour arriver, à 18 ans, à un résultat aussi imprévu qui devait le conduire à une série d'autres découvertes concernant la nature de l'acier, en contradiction avec l'opinion des plus grands chimistes et des plus habiles métallurgistes, il avait mis le feu à l'École. Mais cet accident n'avait pas eu de suites, grâce au dévouement du concierge et de ses camarades, et le nom de Boussingault allait devenir célèbre presque aussitôt.

Je ne sais si, dans l'histoire des sciences expérimentales, on rencontrerait un autre exemple d'une telle éclosion, d'une pareille précocité, car le résultat dont il s'agit n'était point du tout, comme on pourrait être tenté de le supposer, le fait d'un hasard heureux, mais bien le fruit de longues méditations et d'une étude approfondie des phénomènes décrits et des opinions émises par les maîtres de la science qu'il avait fallu contrôler, critiquer et réfuter victorieusement.

Le mémoire que rédigea Boussingault à ce sujet et qui lui fit faire la connaissance de Gay-Lussac, parut en 1821 dans les *Annales de Physique et de Chimie*. C'était le premier de tous ceux qu'il devait produire, et, d'après lui, il n'en aurait jamais fait de meilleur.

Quoi qu'il en soit, le jeune chimiste était sur le chemin de la gloire ; son mémoire était commenté partout, surtout en Angleterre par les plus hautes autorités dont plusieurs, après avoir mis en doute ce qui y était annoncé, avaient bien été obligées de reconnaître que ce débutant était un maître.

Tout cela était bien beau, mais il fallait vivre, et en sortant de Saint-Étienne, Boussingault avait été heureux de trouver l'emploi de directeur des mines de Lobsann, près Soultz-sous-Forêts, dans le département du Bas-Rhin, avec les appointements de 1200 francs par an et le logement.

Il ne pouvait sûrement pas encore songer à aider sa famille, ce qui eût été le comble de ses vœux, car il aimait tendrement sa sœur déjà mariée, son beau-frère M. Vaudet et surtout son frère, son cadet, dont il s'occupait sans cesse dans les lettres qu'il écrivait régulièrement à son père et qu'il eut la douleur de perdre pendant son voyage en Amérique.

Avant de se rendre à son poste, le jeune ingénieur avait cherché à accroître les connaissances géologiques qu'il avait acquises dans le bassin houiller de Saint-Étienne — où il avait même travaillé comme un simple mineur — et dans les environs si pittoresques et si intéressants dominés par le mont Pilat qui avait été le but de sa première ascension. Plein d'enthousiasme devant les grands spectacles de la nature, après les accidents imposants que présentent si souvent les terrains éruptifs au milieu desquels il avait vécu pendant deux ans, il avait voulu aller étudier sur place les volcans éteints de l'Auvergne et en était revenu charmé, ne se doutant pas alors qu'il irait bientôt escalader les Andes et voir de près les volcans en activité.

Il avait fait encore, toujours à pied, d'autres voyages d'exploration, à Seyssel notamment où l'on exploitait des

roches bitumineuses analogues à celles qu'il allait retrouver à Lobsann et, dès son arrivée, il introduisait là l'industrie qui faisait prospérer Seyssel.

Son séjour en Alsace dura cependant bien peu cette fois,
mais il suffit pour lui faire découvrir les grandes qualités
de la race intelligente, laborieuse, instruite et de mœurs
simples qui l'entourait. Il en fut ravi, car tout cela se
trouvait si bien en harmonie avec ses propres sentiments
qu'il se sentit touché au cœur et ce fut là qu'il revint plus
tard chercher la compagne de sa vie et s'installer pour réaliser ses plus belles expériences agricoles. En quelques
mois, cet enfant de Paris était devenu Alsacien.

Mais quelque attrait qu'eût pour lui son pays d'adoption,
d'autres idées l'agitaient ; il avait un secret désir d'aller
plus loin, de parcourir d'autres contrées que la France ou
même que l'Europe. Déjà, il avait été sur le point de
partir pour l'Égypte, quand une occasion unique se présenta. On lui offrait d'aller dans l'Amérique du Sud avec
un grade et un traitement bien supérieurs à tout ce qu'il
avait espéré.

En dépit des observations d'ailleurs réservées de son
père et des inquiétudes de sa mère dont il était toujours
prêt à tenir grand compte, la tentation était trop forte et
il accepta. C'était en 1822.

Nous avons eu, il y a huit ans, la douloureuse mission
de rappeler cette partie de la vie de Boussingault que
M. Schlœsing vient d'ailleurs de vous retracer d'une manière si saisissante et nous ne pensons pas devoir y reve-
nir, mais ce que nous tenons à mettre en lumière, c'est ce
fait inouï de la somme des connaissances acquises, dans

les circonstances que nous achevons d'indiquer, par un jeune homme qui allait entreprendre, à l'âge de 20 ans, de continuer les travaux du plus grand explorateur scientifique de ce siècle, de cet admirable de Humboldt, dont le nom ne saurait être évoqué ici avec un sentiment trop vif de reconnaissance, comme celui de l'un des hommes qui ont le plus travaillé à éclairer et à élever l'esprit de ses contemporains.

Boussingault avait appris à Saint-Étienne la géologie, la minéralogie, la chimie et la docimasie qui devaient l'aider à rendre tant de services partout où il est passé, les éléments de la physique et de la météorologie; il savait lever les plans superficiels et souterrains, mais il n'avait que des notions assez sommaires d'astronomie et même de botanique, si nécessaires aux voyageurs scientifiques. Pendant le court séjour qu'il fit à Paris avant son départ pour la Colombie, il s'ingéniait à compléter son instruction, retournait au Muséum et se disposait à aller demander des conseils à l'Observatoire, quand un hasard providentiel, dirait-on, lui fit rencontrer de Humboldt sur le Pont-Neuf. Le très intelligent Colombien Riveiro, avec lequel il devait s'embarquer bientôt pour l'Amérique, était avec lui et connaissait de Humboldt. La présentation fut vite faite et, dès ce moment, l'illustre savant, qui avait alors plus de cinquante ans et une immense réputation, n'hésita pas à traiter Boussingault comme l'un de ses pairs, l'encourageant avec une inépuisable bonté et ne lui reprochant que sa discrétion et ce qu'il appelait sa trop grande déférence.

Sans perdre de temps d'ailleurs, il lui fit don d'un sex-

tant de poche et d'un horizon artificiel et lui enseigna
lui-même à s'en servir et à faire les calculs astronomiques
les plus indispensables; si bien que, lorsque les chrono-
mètres de Bréguet lui furent livrés, Boussingault faisait le
point aussi bien que le marin ou le voyageur le plus
exercé.

Humboldt se plaisait encore à rappeler à son jeune ami
qu'il avait eu pour compagnon, collaborateur et souvent,
disait-il, comme maître en botanique, Amédée de Bonpland, ce Français infatigable et d'un courage surhumain
qui continuait toujours à explorer l'Amérique du Sud
dans des conditions souvent terribles et il exprimait l'es-
poir et le désir de retourner dans le Nouveau Monde et de
s'installer à Mexico où il leur donnerait rendez-vous à
tous les deux.

On sait que ce projet ne s'est pas réalisé et que Boussingault est revenu, après dix ans d'absence, pour ne
plus quitter son pays qu'il s'est attaché à éclairer et à
enrichir de ses découvertes, à enrichir matériellement,
pourrions-nous dire, car ces découvertes ont sûrement
augmenté la puissance du sol, comme vous l'ont dit
et vous le répéteront sans doute ses émules et ses dis-
ciples.

Je m'arrête, Messieurs, n'ayant eu ni l'intention ni le
temps d'entreprendre une biographie de notre illustre
collègue. Je n'apprendrai rien à personne en ajoutant
avec quel succès il a professé ici pendant quarante ans.
Je vous demande seulement la permission de terminer
l'esquisse que j'ai essayé de faire du noble caractère de
Boussingault par quelques souvenirs personnels, ayant eu

l'honneur de faire des leçons dans le même amphithéâtre et à peu près à la même heure, ce qui me procurait le très grand honneur et le très grand plaisir de causer avec lui chaque fois, pendant quelques instants.

Un des motifs pour lesquels il me témoignait de la confiance et de l'affection, c'est qu'il savait que je professais une grande admiration pour le groupe qu'il avait qualifié de triumvirat et composé de Humboldt, Arago et Gay-Lussac.

« Vous ne penserez jamais assez de bien de ces trois vrais grands hommes de science, me disait-il, et quant à Humboldt, vous pouvez m'en croire, il n'y a pas eu, dans ce siècle ni dans beaucoup d'autres, deux têtes organisées comme la sienne.

Il savait aussi combien j'aimais l'Alsace et la Lorraine, et après la guerre odieuse et absurde qui nous les ont enlevées, à la suite de laquelle j'avais eu la douleur de prendre part à la nouvelle délimitation, au tracé de ce ruisseau de sang que les membres dispersés d'une même famille ne peuvent plus franchir : « Si cela était arrivé du temps de Humboldt, me disait-il, il serait mort de honte de la duplicité et de la brutalité des hommes d'État de son pays et de la bêtise de ceux du nôtre qu'il aimait autant que le sien, » et les larmes venaient aux yeux de l'énergique et excellent vieillard.

En saluant le buste que l'on va découvrir de l'illustre savant, du maître vénéré, je n'oublierai jamais le vœu du patriote qu'il ne me sera pas donné d'accomplir, mais que d'autres devront réaliser, si notre pays veut continuer son rôle dans le monde, et en admirant la belle allégorie si

magistralement conçue par notre grand statuaire Dalou,
de la science enseignant l'ouvrier de la terre, j'y verrai
sans effort la France dictant son devoir à l'un de ses rudes
et braves enfants.

Paris. — Typographie de Firmin-Didot et Cie, impr. de l'Institut, rue Jacob, 56. - 32654.

www.ingramcontent.com/pod-product-compliance
Ingram Content Group UK Ltd.
Pitfield, Milton Keynes, MK11 3LW, UK
UKHW021718130726
13696UKWH00004B/1886